O MENINO QUE FAZIA AVIÕES

FAZENDO A ESCOLHA CERTA

Copyright © 2012 *by*
FEDERAÇÃO ESPÍRITA BRASILEIRA – FEB

1ª edição – 2ª impressão – 2 mil exemplares – 4/2013

ISBN 978-85-7328-739-4

Todos os direitos reservados. Nenhuma parte desta publicação pode ser reproduzida, armazenada ou transmitida, total ou parcialmente, por quaisquer métodos ou processos, sem autorização do detentor do *copyright*.

FEDERAÇÃO ESPÍRITA BRASILEIRA – FEB
Av. L2 Norte – Q. 603 – Conjunto F (SGAN)
70830-030 – Brasília (DF) – Brasil
www.feblivraria.com.br
editorial@febnet.org.br
+55 61 2101 6198

Pedidos de livros à FEB – Departamento Editorial
Tel.: (21) 2187 8282 / Fax: (21) 2187 8298

Texto revisado conforme o Novo Acordo Ortográfico.

Dados Internacionais de Catalogação na Publicação (CIP)
(Federação Espírita Brasileira – Biblioteca de Obras Raras)

C193m	Campello, Regina, 1965–
	    O menino que fazia aviões: fazendo a escolha certa / Regina Campello; [Ilustrações: Lourival Bandeira de Melo Neto]. 1. ed. 2. imp. – Brasília: FEB, 2013.
	    31 p.; il. color.; 21 cm
	  ISBN 978-85-7328-739-4
	    1. Espiritismo. 2. Literatura infantil. I. Melo Neto, Lourival Bandeira. II. Federação Espírita Brasileira. III. Título
	                                CDD 869.3
	                                CDU 869.3
	                                CDE 81.00.00

O MENINO QUE FAZIA AVIÕES
FAZENDO A ESCOLHA CERTA

Regina Campello
Ilustração: L. Bandeira

Era uma vez um menino chamado Mauro, que sabia fazer aviões com papel, canudos e gravetos. Essa habilidade fazia dele um menino muito popular, pois era conhecido como "Mauro dos aviões". E eram tão perfeitos que só faltavam voar. Menino esperto, educado e cheio de amigos, mas não sabia escolher bem suas companhias. Havia em sua escola um grupo de meninos que gostava de bagunça. Às vezes até faltavam com respeito aos professores e funcionários. Esse grupo de bagunceiros sempre se metia em confusão, e Mauro acabava no meio dela. Eles nem davam muita importância aos aviões, apenas se aproveitavam da simpatia de Mauro para se livrarem das punições.

Toda vez que era chamado na coordenação, Mauro acabava seduzindo os coordenadores com os seus delicados aviõezinhos coloridos e com os seus grandes e expressivos olhos. Toda a equipe de professores gostava do menino e sabia que ele não era de bagunça, apenas estava no grupo errado. Não adiantava falar. Mauro gostava dos meninos, embora nenhum deles o deixasse escolher o jogo, a brincadeira do recreio. O líder do grupo, um menino muito mandão, sempre mostrava a sua enorme mão bem na cara de Mauro dizendo assim: "Nãoooo. Você não pode inventar história aqui não, moleque! Quem manda sou eu." Pois é... Mas esse menino mandava muito mal. E numa dessas confusões, Mauro acabou levando a culpa sozinho. E é exatamente aí que começa a nossa história.

Numa quente e ensolarada tarde de recreio, Mauro estava sentado no banco da coordenação esperando a D. Selma voltar do lanche para mais um daqueles sermões. De repente, uma menina apareceu do seu lado dizendo assim:

— Ei! O que você está fazendo aí?

— Estou sem recreio, ué — disse o menino assustado.

— Resposta errada. Está é perdendo tempo, isso sim — disse a menina, cruzando os braços.

— Como assim? — Pergunta o menino.

— Você não fez nada de errado. Apenas não fez a escolha certa — disse a menina.

— Não estou entendendo. Quem é você?

E, olhando o aviãozinho caído no chão, a menina pergunta:

— O que é aquilo?

Inclinando o corpo pra frente, Mauro responde:

— É só o meu aviãozinho de papel.

Muito impressionada, a menina diz:

— Uau! Que máximo! Você já voou nele?

— Claro que não, né? — Responde o menino já perdendo a paciência.

— Por que não?

— Não posso voar, porque não caibo nele — responde o menino olhando pra cima.

— Não pode? — Diz a menina. — Hum... O que você lembra quando diz que não pode? Que imagem você pensa quando alguém diz que você não pode fazer alguma coisa?

Depois de pensar alguns instantes, Mauro responde:

— Já sei! A mão do meu colega dizendo: "Você não pode, moleque."

De repente, a menina levanta num salto, pega a mão de Mauro e diz:

— Ótimo! É de uma mão mesmo que a gente precisa agora. Vamos!

Em instantes, os dois já haviam descido a escada em direção ao pátio do estacionamento. Nem deu tempo de Mauro pensar em algo. Muito ansiosa, a menina diz:

— Olha lá adiante. Está vendo?

— Sim. É um aviãozinho de papel, mas como ele foi parar lá? — Pergunta o menino.

— Não importa. Nós vamos voar nele. — Diz a menina enquanto segura uma de suas mãos.

Muito assustado, Mauro grita:
— Você está maluca, garot...
Antes que pudesse terminar, o menino já estava no avião que decolou imediatamente.
— Uaaauuu! Eu estou voando! Como conseguiu isso? — Pergunta, aflito, o menino.

— Simples. Eu parei de ouvir as pessoas dizerem que eu não podia. Escolhi acreditar que conseguia e consegui. Viu? A gente tem que escolher acreditar que pode. — Disse a menina com muita propriedade.
— Não estou entendendo... — Disse Mauro.
Então a menina começou a dar exemplos de pessoas comuns que tiveram uma grande ideia e acreditaram que podiam fazer a ideia virar verdade. E, viajando num aviãozinho de papel, Mauro conheceu pessoas muito importantes e suas ideias maravilhosas. Pessoas que tinham um sonho e fizeram virar realidade.

— Olha lá, Mauro. Está vendo aquele navio? Um grupo de jovens resolveu sair pelo mundo mostrando cartazes, gritando no microfone e impedindo que destruíssem a Natureza. Hoje esse grupo é uma organização internacional! Eles saem por aí e não deixam que matem as baleias, que soltem bombas, que queimem as matas, e muitas outras coisas legais. Eles acreditaram que conseguiriam e conseguiram! Fizeram a escolha certa.

Impressionado, Mauro diz:

— Puxa, que legal!

E a menina continua:

— Está vendo aquele rapaz com uma planta na mão? Ele morava num bairro que quase não tinha árvores, nem jardins. Só cimento e asfalto. Um belo dia, ele resolveu plantar mudas de árvores perto da sua casa. Depois ele arranjou outras e plantou no portão da casa dos vizinhos. Ninguém agradeceu. Ninguém nem sequer percebeu o que ele fazia. Mas ele não desistiu. Continuou plantando. Outro dia, um professor que passava pelo bairro olhou o rapaz e resolveu ajudar. Conseguiu mais plantas e levou sua turma para plantar com o rapaz. A ideia foi se espalhando, até que chegou aos ouvidos do prefeito. Hoje, o bairro é o mais bonito, cheiroso e fresquinho daquela cidade. As pessoas passaram a perceber as mudanças e mudaram também o seu comportamento.
Emocionado, o menino pergunta:
— E o rapaz? O que ele faz agora?
A menina respondeu:
— Ele está fazendo o mesmo em outros bairros e começando a história de novo. Viu? Ele acreditou que podia, mesmo sem ninguém perceber. Fez a escolha certa.

— Puxa, estou impressionado.

E a menina continuou a dar exemplos:

— Está vendo aquele menino com o carrinho de mão? Ele fez uma coisa parecida. Perto da casa dele, tinha um lixão. As pessoas já estavam acostumadas com aquele cheiro, com os urubus, com aquela sujeira toda e nem ligavam mais. O lixão aumentava a cada dia, e o menino perdia o seu espaço pra brincar. Um dia ele achou um carrinho de mão todo quebrado e resolveu consertar. Então, percebeu que havia outros objetos quebrados que podiam virar brinquedos. Ele teve uma ideia brilhante: juntou alguns pneus, caixas de papelão, garrafas plásticas, caixotes de madeira e outras coisas e transformou tudo num parque de diversões. Enquanto arrumava o lixão, o espaço aparecia. Outros meninos do bairro começaram a ajudá-lo. Chamaram a televisão e fizeram uma reportagem sobre a iniciativa do menino. A prefeitura mandou caminhões até o lugar para retirar o lixo orgânico e acabar com o mau cheiro. O menino hoje é um rapaz que tem uma oficina de brinquedos de sucata e faz um trabalho voluntário com crianças de outros lixões. Viu? Ele também fez a escolha certa: acreditou que conseguiria e conseguiu.

Mauro não conseguiu mais conter as lágrimas e disse:

— Puxa vida. Que barato!

E a menina continuou:

— Ainda tem mais, Mauro. Está vendo aquela menina? Ela tinha muita dificuldade pra ler. Não conseguia boas notas na escola e se sentia muito mal com isso. Ela se achava diferente dos colegas e, por isso, não conseguia fazer amigos, estava sempre sozinha e triste.

Mauro, então, disse:

— Que bobagem. O que aconteceu com ela?

A menina respondeu:

— Ela viu uma reportagem na televisão sobre um grupo de pessoas que se vestem de palhaço para animar as crianças nos hospitais. Ficou tão emocionada que resolveu arriscar. A vontade de fazer algo por alguém foi tão grande que ela começou a fazer exercícios de leitura, sozinha e escondida. Sua força de vontade foi o remédio para tudo. Ela passou a acreditar que iria conseguir, e conseguiu. Hoje ela dirige um grupo de pessoas que contam histórias nos hospitais públicos de sua cidade. Nesse grupo, tem até pessoas cegas que leem para os doentes. Não é o máximo? — Pergunta a menina ao mesmo tempo que dirige o aviãozinho para pousar.

Mauro desce do avião emocionado com a viagem e pergunta:

— E agora? O que vamos fazer?

A menina, então, respondeu:

— Eu que pergunto: o que você vai fazer? Eu mostrei exemplos de pessoas que escolheram acreditar que podiam fazer o que quisessem. Que acreditaram na capacidade de fazer um sonho virar realidade e, principalmente, criar uma realidade legal pra todo mundo. Você, Mauro, faz aviões incríveis e leva alegria e admiração para as pessoas que os veem. Não está perdendo tempo num grupo cujo colega lhe diz que você não pode inventar histórias? Será que você fez a escolha certa? O que você realmente quer: ficar no chão ou voar?

O menino ficou pensativo uns instantes e disse:

— Já estou entendendo...

A menina mostra um grande sorriso e diz:

— Está preparado? Então, acorda!

E, num estalar de dedos, tudo na vida de Mauro mudou. Mas não foi a menina que fez isso. Mauro passou a acreditar na sua capacidade e escolheu outra forma de crescer: escolheu crescer voando nos seus aviões. Não foi o seu corpo que voou no aviãozinho de papel, e sim o seu pensamento, seus desejos, sua criatividade, sua habilidade. Nunca mais Mauro viu aquela mão enorme apontando pra sua cara e dizendo que ele não podia inventar histórias. Hoje, Mauro é história.

O "Mauro dos aviões" constrói aviões de verdade, do tamanho da sua vontade de fazer seus sonhos virarem realidade. A mão não mais aponta o fracasso, e sim o sucesso, e virou a sua marca registrada. Mauro dirige um grupo de jovens que protege e alerta o mundo para a extinção dos animais da Amazônia. É voluntário num projeto que recolhe e cuida de animais maltratados pelas queimadas e pela venda ilegal. Seus aviões são conhecidos no mundo inteiro e muito elogiados pela criatividade e pela ideia inovadora. Mauro acreditou que podia e conseguiu. E você? Acredita?

Como funciona?

Utilize o aplicativo QR Code no seu aparelho celular ou *tablet*, posicione o leitor sobre a figura demonstrada acima, a imagem será captada através da câmera do seu aparelho e serão decodificadas as informações que levarão você para o *site* da Editora.

Conselho Editorial:
Antonio Cesar Perri de Carvalho – Presidente

Coordenação Editorial:
Geraldo Campetti Sobrinho

Produção Editorial:
Fernando Cesar Quaglia

Coordenação de Revisão:
Davi Miranda

Revisão:
Lígia Dib Carneiro
Neryanne Paiva

Capa, Projeto Gráfico e Ilustrações:
Lourival Bandeira de Melo Neto

Diagramação:
Ingrid Saori Furuta

Normalização Técnica:
Biblioteca de Obras Raras e Patrimônio do Livro

Esta edição foi impressa pela Ediouro Gráfica e Editora Ltda., Bonsucesso, RJ, com tiragem de 2 mil exemplares, todos em formato fechado de 210x210 mm. Os papéis utilizados foram o Couché Brilho 115 g/m² para o miolo e o cartão Supremo 300 g/m² para a capa. O texto principal foi composto em fonte Overlock 14/21.